Impressum
Verlag: BABADADA GmbH, Nedderfeld 112 , 22529 Hamburg
Geschäftsführer / Verlagsleitung: Harald Hof
Druck: Books on Demand GmbH, In de Tarpen 42, 22848 Norderstedt

Imprint
Publisher: BABADADA GmbH, Nedderfeld 112 , 22529 Hamburg, Germany
Managing Director / Publishing direction: Harald Hof
Print: Books on Demand GmbH, In de Tarpen 42, 22848 Norderstedt, Germany

სკოლა

школа

საკლასო ოთახი
учиона
გაყოფა
делити
186/2
სკოლის ეზო
школско двориште
დაფა
плоча
მასწავლებელი
наставник
ქაღალდი
папир
წერა
писати
კალამი
хемијска оловка
მაგიდა
писаћи стол
სახაზავი
лењир
წიგნი
књига
მოსწავლე
ученик

ზურგჩანთა

торба

პენალი

перница

ფანქარი

графитна оловка

ფანქრების სათლელი

шиљило за оловке

საშლელი

гумица за брисање

ნახატების ალბომი

блок за цртање

ნახატი
....
цртеж

ფუნჯი
....
кист

საღებავის ყუთი
....
кутија са бојама

მაკრატელი
....
маказе

წებო
....
лепило

სავარჯიშო რვეული
....
бележница

საშინაო დავალება
....
домаћи задатак

12

ნომერი
....
број

2+2

დამატება
....
сабирати

5-2

გამოკლება
....
одузимати

2×2

გამრავლება
....
множити

გამოთვლა
....
рачунати

A

წერილი
....
слово

ABCDEFG
HIJKLMN
OPQRSTU
VWXYZ

ანბანი
....
абецеда

სიტყვა
....
реч

ტექსტი

текст

წაკითხვა

читати

ცარცი

креда

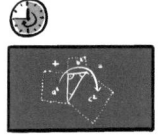

გაკვეთილი

час

რეგისტრაცია

дневник

გამოცდა

испит

სერტიფიკატი

сведочанство

სკოლის ფორმა

школска униформа

განათლება

образовање

ენციკლოპედია

лексикон

უნივერსიტეტი

универзитет

მიკროსკოპი

микроскоп

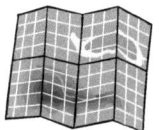

რუქა

карта

კალათა ნარჩენი
ქაღალდებისათვის

кошара за папир

მოგზაურობა

путовање

სასტუმრო
хотел
Grand
ჰოსტელი
преноћиште
ROOMS
ვალუტის გადაცვლის პუნქტი
мењачница
ჩემოდანი
кофер
მანქანა
ауто

ენა

језик

კი / არა

да / не

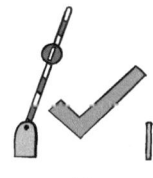

კარგი

океј

გამარჯობა

здраво

მთარგმნელი

преводилац

გმადლობთ

хвала

რა ღირს… ?

Колико кошта...?

ვერ გავიგე

не разумем

პრობლემა

проблем

აღამო მშვიდობისა!

добро вече!

დილა მშვიდობისა!

Добро јутро!

ღამე მშვიდობისა!

Лаку ноћ!

ნახვამდის

довиђења

მიმართულება

смер

ბარგი

пртљага

ჩანთა

торба

ზურგჩანთა

руксак

სტუმარი

гост

ოთახი

соба

საძილე ტომარა

врећа за спавање

კარავი

шатор

ურისტული ინფორმაცია

уристичке информације

სანაპირო

плажа

საკრედიტო ბარათი

кредитна картица

საუზმე

доручак

ლანჩი

ручак

ვახშამი

вечера

ბილეთი

карта за вожњу

ლიფტი

лифт

საფოსტო მარკა

поштанска маркица

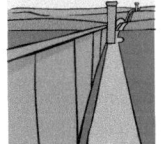

საზღვარი

граница

საბაჟო

царина

საელჩო

амбасада

ვიზა

виза

პასპორტი

пасош

ტრანსპორტი

транспорт

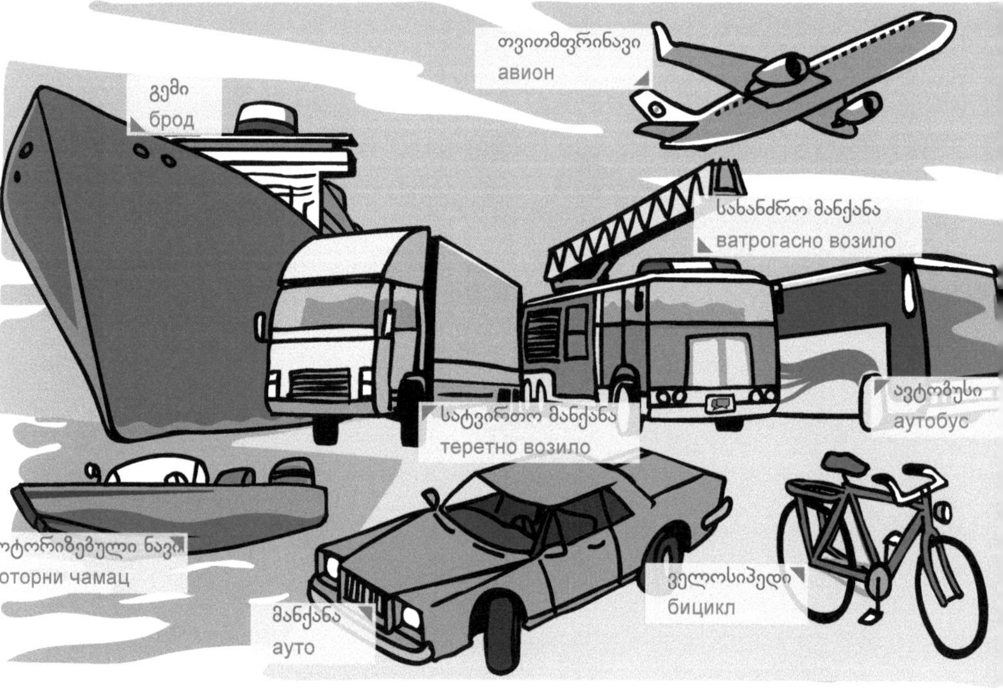

თვითმფრინავი
авион
გემი
брод
სახანძრო მანქანა
ватрогасно возило
სატვირთო მანქანა
теретно возило
ავტობუსი
аутобус
მოტორიზებული ნავი
моторни чамац
მანქანა
ауто
ველოსიპედი
бицикл

ბორანი

трајект

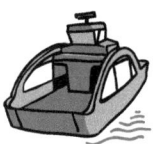

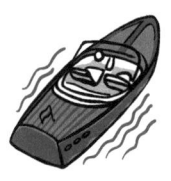

ნავი

чамац

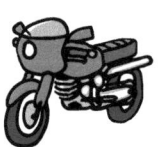

მოტოციკლი

мотоцикл

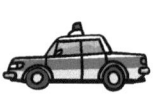

პოლიციის მანქანა

полицијски ауто

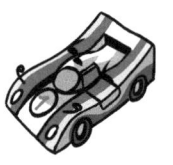

სარბოლო მანქანა

тркаћи ауто

დაქირავებული მანქანა

изнајмљено ауто

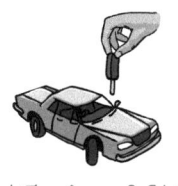

მანქანის ერთობლივი მოხმარება

делење аутомобила

საბუქსირე მანქანა

вучно возило

ნაგვის მანქანა

возило за одвоз смећа

ძრავა

мотор

საწვავი

бензин

ბენზინგასასამართი სადგური

бензинска станица

საგზაო ნიშანი

саобраћајни знак

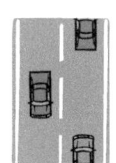

მოძრაობა

саобраћај

საცობი

застој

მანქანის სადგომი

паркиралиште

მატარებლის სადგური

железничка станица

ლიანდაგები

шине

მატარებელი

воз

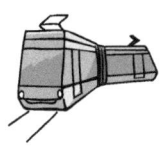

ტრამვაი

трамвај

ვაგონი

вагон

ტრანსპორტი - транспорт

ვერტმფრენი

хеликоптер

აეროპორტი

аеродром

კოშკი

кула

მგზავრი

путник

კონტეინერი

контејнер

მუყაოს ყუთი

картон

ურიკა

колица

კალათა

корпа

აფრენა / დაშვება

узлетети / слетети

ქალაქი

град

სოფელი

село

ქალაქის ცენტრი

центар града

სახლი

кућа

კინოთეატრი
кино
CINEMA
რეკლამა
реклама
ქუჩის ლამპიონი
улична светиљка
ქუჩა
улица
ტაქსი
такси
киоск
ქვეითი
пешак
ტროტუარი
тротоар
ქვეითების გადასასვლელი
пешачки прелаз
ნაგვის ურნა
контејнер за отпад
ჯვარედინი
раскрсница
შუქნიშანი
семафор

ქოხი

колиба

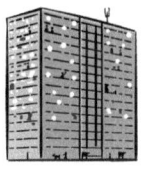

ბინა

стан

მატარებლის სადგური

железничка станица

მუნიციპალიტეტი

већница

მუზეუმი

музеј

სკოლა

школа

უნივერსიტეტი
университет

ბანკი
банка

საავადმყოფო
болница

სასტუმრო
хотел

აფთიაქი
апотека

ოფისი
канцеларија

წიგნების მაღაზია
књижара

მაღაზია
продавница

ფლორისტი
цвећара

სუპერმარკეტი
супермаркет

ბაზარი
трг

მაღაზიის განყოფილება
робна кућа

თევზის გამყიდველი
рибарница

სავაჭრო ცენტრი
трговачки центар

ნავსადგომი
лука

პარკი

парк

გრძელი სკამი

клупа

ხიდი

мост

კიბეები

степенице

მიწისქვეშა გადასასვლელი

подземна железница

გვირაბი

тунел

ავტობუსის გაჩერება

аутобуска станица

ბარი

бар

რესტორანი

ресторан

საფოსტო ყუთი

поштанско сандуче

ქუჩის ნიშანი

улични знак

პარკინგის საზომი

паркирни аутомат

ზოოპარკი

зоолошки врт

საცურაო აუზი

базен

მეჩეთი

џамија

ფერმა

сеоско газдинство

გარემოს დაბინძურება

загађење околине

სასაფლაო

гробље

ეკლესია

црква

საბავშვო მოედანი

игралиште

ტაძარი

храм

ლანდშაფტი

пејсаж

ფოთოლ
ი
лист
გზის მანიშნებელი ნიშანი
путоказ
გზა
пут
მდელო
ливада
ქვა
камен
მოგზაური
шетач
ხე
дрво
მდინარე
река
ბალახი
трава
ყვავილი
цвет

ხეობა

долина

გორაკი

планина

ტბა

језеро

ტყე

шума

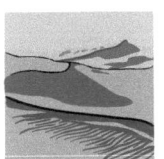

უდაბნო

пустиња

ვულკანი

вулкан

ციხე

дворац

ცისარტყელა

дуга

სოკო

гљива

პალმა

палма

კოღო

москито

ბუზი

мува

ჭიანჭველა

мрав

ფუტკარი

пчела

ობობა

паук

ხოჭო

буба

ბაყაყი

жаба

ციყვი

веверица

ზღარბი

јеж

კურდღელი

зец

ბუ

сова

ფრინველი

птица

გედი

лабуд

ტახი

дивља свиња

ირემი

јелен

ცხენ-ირემი

лос

კაშხალი

насип

ქარის ტურბინა

ветрењача

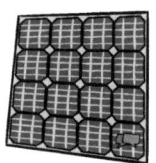

მზის ბატარეა

соларна плоча

კლიმატი

клима

რესტორანი

ресторан

მიმტანი
конобар
მენიუ
јеловник
სკამი
столица
სუპი
супа
პიცა
пица
დანა-ჩანგალი
прибор за јело
მაგიდაზე გადასაფარებელი

საუზმე

....

предјело

მთავარი კერძი

....

главно јело

დესერტი

....

десерт

დასალევი

....

напитци

საჭმელი

....

јело

ბოთლი

....

флаша

სწრაფი კვება

брза храна

ქუჩის საჭმელი

имбис храна

ჩაიდანი

чајник

საშაქრე

доза за шећер

პორცია

порција

ესპრესოს მანქანა

апарат за еспресо

მაღალი სკამი

висока столица

ანგარიში

рачун

ლანგარი

послужавник

დანა

нож

ჩანგალი

виљушка

კოვზი

кашика

ჩაის კოვზი

чајна кашика

ხელსახოცი

салвета

ჭიქა

чаша

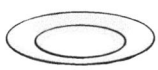

თეფში
тањир

სუპის თეფში
тањир за супу

ჩაის ლამბაქი
тањирић

საწებელი
сос

სამარილე
сољенка

წიწაკის საფქვავი
млин за бибер

ძმარი
сирће

ზეთი
уље

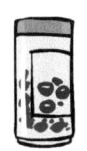

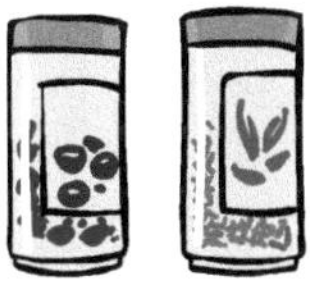

სანელებლები
зачини

კეტჩუპი
кечап

მდოგვი
сенф

მაიონეზი
мајонеза

სუპერმარკეტი

супермаркет

სპეციალური შეთავაზება
понуда
FOR
მომხმარებელი
купац
რძის ნაწარმი
млечни производи
ხილი
воће
ურიკა
колица за куповину

საყასბო

месница

საცხობი

пекара

აწონვა

вагати

ბოსტნეული

поврће

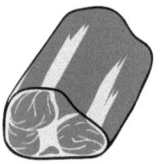

ხორცი

месо

გაყინული საკვები

смрзнута храна

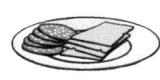

გრილი ხორცი
....
нарезак

კონსერვები
....
конзерве

სარეცხი ფხვნილი
....
средство за прање

ტკბილეული
....
слаткиши

საყოფაცხოვრებო
პროდუქტები
....
артикли за домаћинство

სარეცხი საშუალებები
....
средства за чишћење

გამყიდველი
....
продавачица

სალარო
....
благајна

მოლარე
....
благајник

საყიდლების სია
....
листа за куповину

მუშაობის საათები
....
време рада

პორტმანი
....
новчаник

საკრედიტო ბარათი
....
кредитна картица

ჩანთა
....
торба

პლასტიკური პარკი
....
пластична кеса

დასალევი
напитци

წყალი

вода

წვენი

сок

რძე

млеко

კოკა-კოლა

кола

ღვინო

вино

ლუდი

пиво

ალკოჰოლი

алкохол

კაკაო

какао

ჩაი

чај

ყავა

кава

ესპრესო

еспресо

კაპუჩინო

капућино

საჭმელი
јело

ბანანი

банана

ვაშლი

јабука

ფორთოხალი

наранџа

საზამთრო

лубеница

ლიმონი

лимун

სტაფილო

шаргарепа

ნიორი

бели лук

ბამბუკი

бамбус

ხახვი

лук

სოკო

гљива

კაკალი

орашасти плодови

ატრია

резанци

სპაგეტი

шпагете

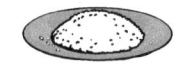

ბრინჯი

рижа

სალათი

салата

ჩიპსები

помфрит

შემწვარი კარტოფილი

печени кромпир

პიცა

пица

ჰამბურგერი

хамбургер

სენდვიჩი

сендвич

კოტლეტი

шницла

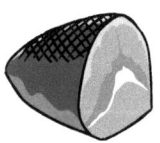

ლორი

шунка

სალიამი

салама

ძეხვი

кобасица

წიწილა

кокош

შემწვარი ხორცი

печење

თევზი

риба

შვრიის ფაფა

зобене пахуљице

მუსლი

мусли

სიმინდის ფანტელები

кукурузне пахуљице

ფქვილი

брашно

კრუასანი

кроасан

ბულკი

пециво

პური

хлеб

ტოსტი

тоаст

ნამცხვრები

кекси

კარაქი

маслац

ხაჭო

свежи сир

ტორტი

колач

კვერცხი

jaje

ერბო-კვერცხი

jaje на око

ყველი

сир

ნაყინი
....
сладолед

შაქარი
....
шећер

თაფლი
....
мед

ჯემი
....
мармелада

შოკოლადის კრემი
....
нугат крема

კარი
....
кари

საჭმელი - jeлo

ფერმა

сеоско газдинство

სოფლის სახლი
сеоска кућа
თავლა
амбар
ჩალის შეკვრა
бале сена
ყანა
поље
ცხენი
коњ
მისაბმელი
приколица
ტრაქტორი
трактор
კვიცი
ждребе
ვირი
магарац
ცხვარი
овца
ცხვარი
лане

თხა

коза

ძროხა

крава

ხბო

теле

ღორი

свиња

გოჭი

прасе

ხარი

бик

ბატი

гуска

იხვი

патка

წიწილა

пилићи

ქათამი

кокош

მამალი

петао

ვირთხა

пацов

კატა

мачка

თაგვი

миш

ხარი

вол

ძაღლი

пас

საძაღლე

кућица за пса

ბაღის შლანგი

вртно црево

საბაღე წურწურა

канта за поливање

ცელი

коса

გუთანი

плуг

ნამგალი

срп

თოხი

мотика

პატივის სახვეტი ჩანგალი

виљушка за ђубриво

ცული

секира

მაზიდი

тачке

გობი

корито

რძის ბიდონი

посуда за млеко

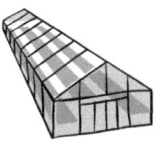

ტომარა

врећа

ღობე

ограда

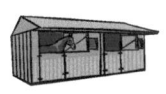

ბოსელი

штала

სათბური

стакленик

ნიადაგი

земља

თესლი

семе

სასუქი

ђубриво

მოსავლის ამღები კომბაინი

комбајн

მოსავლის აღება

жети

მოსავალი

жетва

იამი

јамс зачин

ხორბალი

пшеница

სოიო

соја

კარტოფილი

кромпир

სიმინდი

кукуруз

სარეველას თესლი

уљана репица

ხეხილი

воћка

მანიოკი

гомољ маниоке

მარცვლეული

житарице

სახლი

кућа

ბუხარი
димњак
სახურავი
кров
წყალსადინარი მილი
жлеб
ფანჯარა
прозор
ავტოფარეხი
гаража
კარის ზარი
звоно
კარი
врата
ნაგვის ყუთი
корпа за отпад
საფოსტო ყუთი
поштанско сандуче
ბაღი
врт

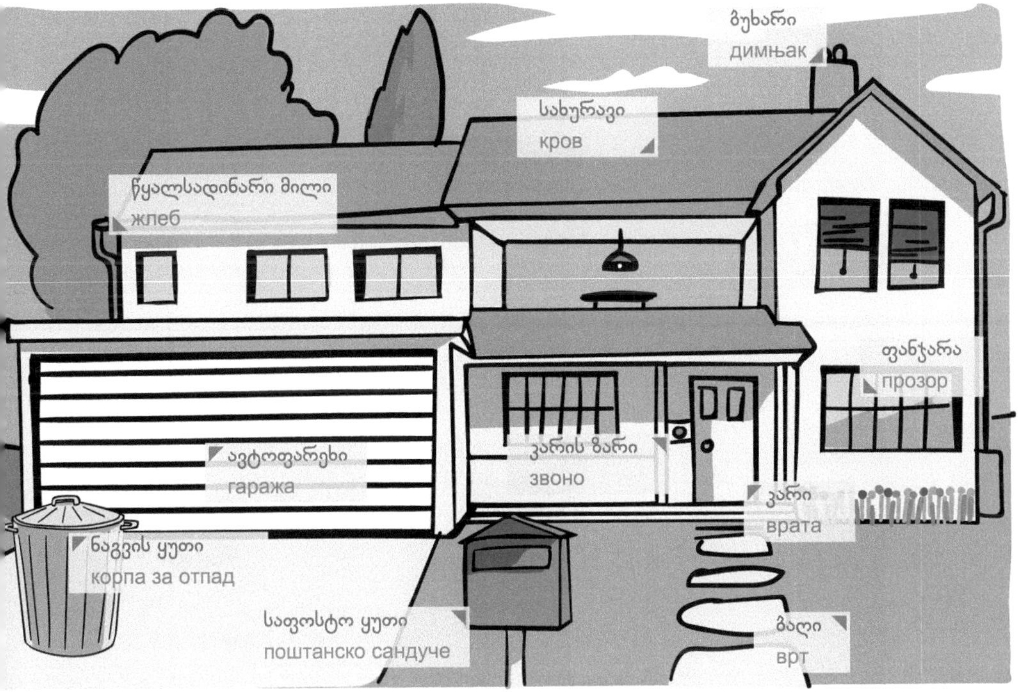

მისაღები ოთახი

дневна соба

აბაზანა

купаоница

სამზარეულო

кухиња

საძინებელი

спаваћа соба

საბავშვო ოთახი

дечија соба

სასადილო ოთახი

трпезарија

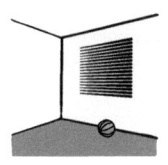

სართული

под

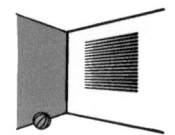

კედელი

зид

ჭერი

строп

სარდაფი

подрум

საუნა

сауна

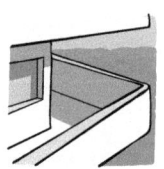

აივანი

балкон

ტერასა

тераса

აუზი

базен

გაზონის საკრეჭი

косилица за траву

საბნის კონვერტი

постељина за кревет

საწოლი

дека за кревет

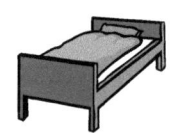

ლოგინი

кревет

ცოცხი

метла

სათლი

канта

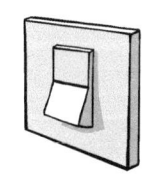

გადამრთველი

прекидач

მისაღები ოთახი

дневна соба

შპალერი
тапета
ნახატი
слика
ნათურა
светиљка
თარო
регал
კარადა
ормар
ტელევიზორი
телевизија
ბუხარი
камин
ყვავილი
цвет
ბალიში
јастук
დივანი
кауч
ვაზა
ваза
დისტანციური მართვა
даљински управљач

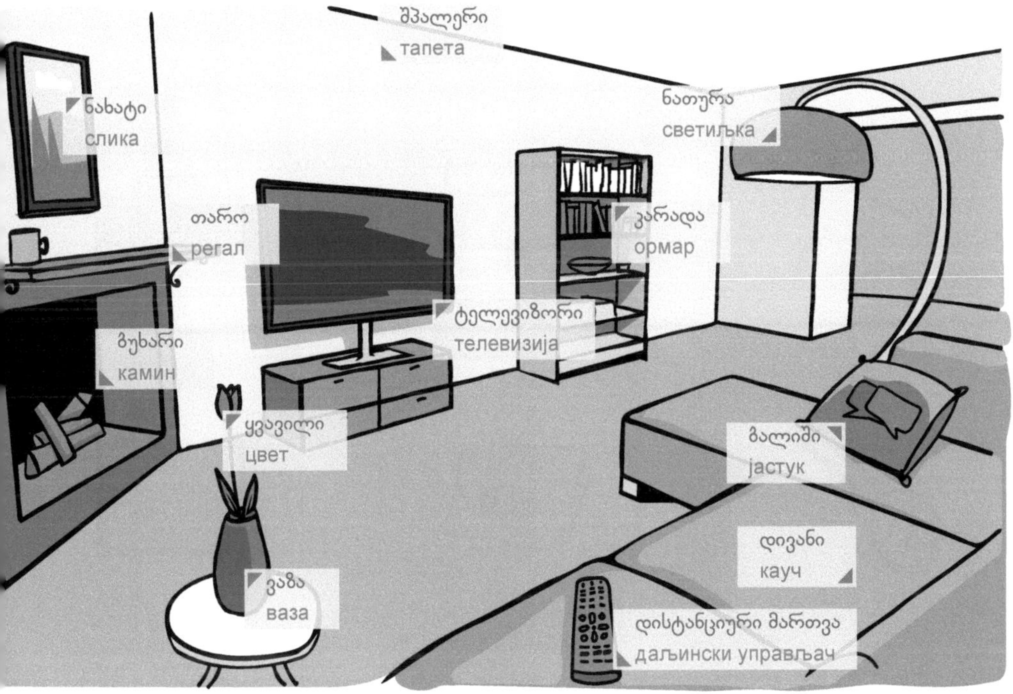

ხალიჩა

тепих

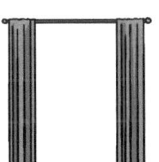

ფარდა

завеса

მაგიდა

сто

სკამი

столица

სარწეველა სკამი

столица за њихање

სავარძელი

фотеља

წიგნი

књига

საბანი

дека

დეკორაცია

декорација

შეშა

дрво за огрев

ფილმი

филм

hi-fi მოწყობილობები

хи-фи уређај

გასაღები

кључ

გაზეთი

новине

ფერწერა

слика на платну

პლაკატი

постер

რადიო

радио

ბლოკნოტი

блок за писање

მტვერსასრუტი

усисивач

კაქტუსი

кактус

სანთელი

свећа

სამზარეულო

кухиња

მაცივარი
მიკრო-ტალღური
ღუმელი
микроталасна рерна
სამზარეულოს სასწორი
кухињска вага
ტოსტერი
სარეცხი საშუალება
средство за чишћење
ღუმელი
рерна
საყინულე
претинац за замрзавање
ნაგვის ყუთი
корпа за отпад
ჭურჭლის სარეცხი მანქანა
машина за прање суђа

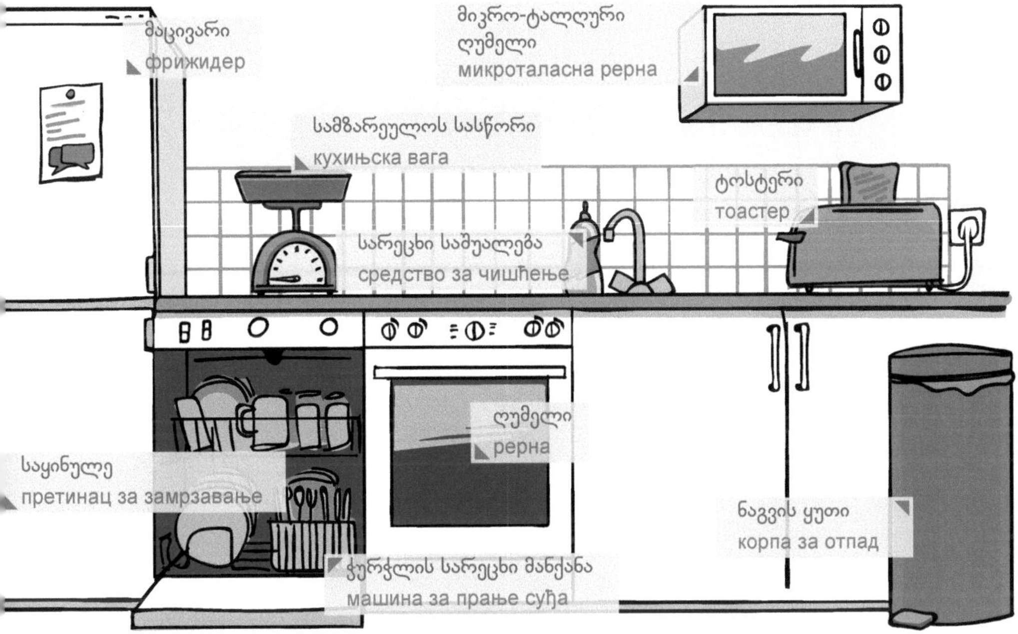

გაზქურა

шпорет

ქოთანი

лонац

თუჯის ქვაბი

гвоздени лонац

ტაფა ამობერილი ფსკერით

вок / кадаи

ტაფა

тава

ჩაიდანი

кувало за воду

სამზარეულო - кухиња 35

ორთქლსახარში

кувало на пару

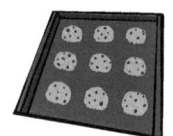

საცხობი ლანგარი

лим за печење

ჭურჭელი

посуђе

კათხა

чаша

თასი

посуда

ჩინური ჩხირები

штапићи за јело

ჩამჩა

кутлача

ფითხი

лопатица

სათქვეფელა

пењача

საწური

сито за кување

საცერი

сито

სახეხი

рибеж

სანაყი

мужар

გრილი

роштиљ

კოცონი

огњиште

დაფა

даска

საგორავი

оклагија

ბურღი

вадичеп

ქილა

конзерва

ქილის გასახსნელი

отварач конзерви

ქოთნის დამჭერი

крпа за лонац

ნიჟარა

судопер

ფუნჯი

четка

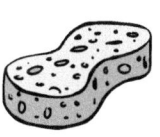

ღრუბელი

сунђер

ბლენდერი

миксер

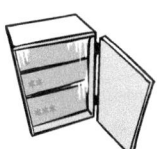

საყინულე კამერა

замрзивач

საბავშვო ბოთლი

флашица за бебе

ონკანი

славина за воду

აბაზანა

купаоница

შხაპი
туш
გათბობა
грејање
პირსახოცი
пешкир
საშხაპე ფარდა
завеса за туш
ღრუბლიანი აბანო
пенушава купка
ვანა
када
ჭიქა
чаша
სარეცხი მანქანა
машина за прање веша
ონკანი
славина за воду
ფილები
плочице
ღამის ქოთანი
тута
ნიჟარა
судопер

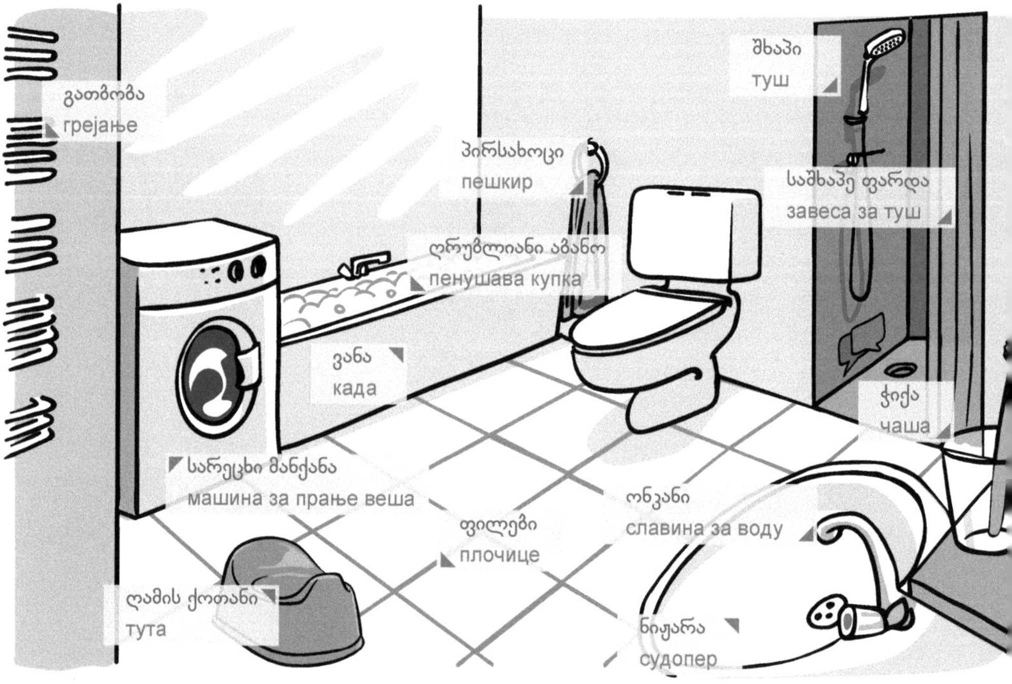

ტუალეტი

тоалет

იატაკის ტუალეტი

чучавац

ბიდე

бидет

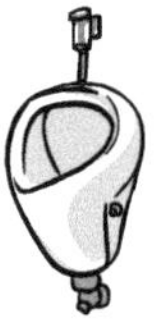

კედლის პისუარი

писоар

ტუალეტის ქაღალდი

тоалетни папир

ტუალეტის ჯაგრისი

четка за тоалет

კბილის ჯაგრისი

четкица за зубе

კბილის პასტა

паста за зубе

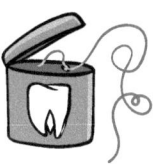

კბილის ძაფი

конац за зубе

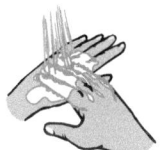

რეცხვა

прати

ხელის შხაპი

туш ручица

ინტიმური შხაპი

туш за прање интимних делова

ტაშტი

лавор

ზურგის სახეხი ფუნჯი

четка за прање леђа

საპონი

сапун

შხაპის გელი

гел за туширање

შამპუნი

шампон

ნეჭა

крпа за прање

სანიაღვრე

одвод

კრემი

крема

დეოდორანტი

дезодоранс

სარკე

огледало

ხელის სარკე

козметичко огледало

ბრიტვა

бријач

საპარსი ქაფი

пена за бријање

საშუალება გაპარსვის შემდეგ

лосион за после бријања

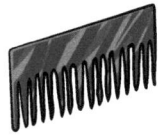

სავარცხელი

чешаљ

ჯაგრისი

четка

თმის საშრობი

фен за косу

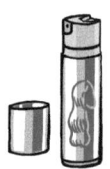

თმის ლაქი

спреј за косу

კოსმეტიკა

шминка

ტუჩების პომადა

руж за усне

ფრჩხილის ლაქი

лак за нокте

ბამბა

вата

ფრჩხილის მაკრატელი

маказе за нокте

სუნამო

парфем

კოსმეტიკის ჩანთა

козметичка торбица

ტაბურეტი

столица

სასწორი

вага

საბაზანო ხალათი

огртач

რეზინის ხელთათმანები

рукавице за чишћење

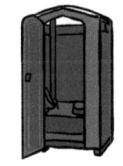

ტამპონი

тампон

ანიტარული პირსახოცი

уложак

ბიო-ტუალეტი

хемијски тоалет

საბავშვო ოთახი

дечија соба

მაღვიძარა
будилник
რბილი სათამაშო
плишана играчка
სათამაშო მანქანა
ауто играчка
ჩხარუნა სათამაშო
звечка
თოჯინების სახლი
кућица за лутке
საჩუქარი
поклон

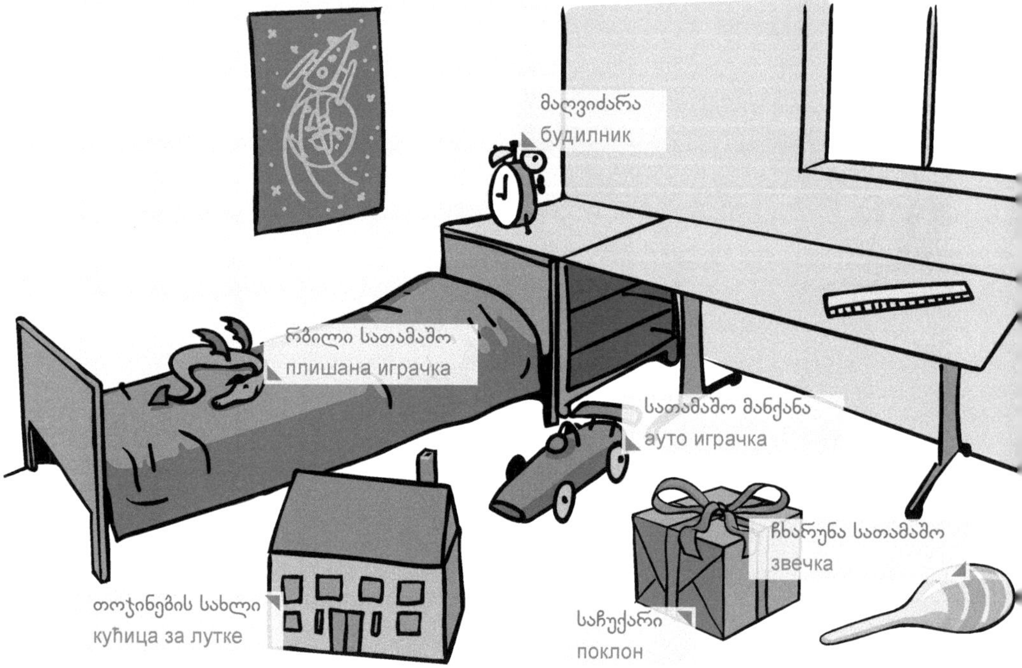

ბუშტი

балон

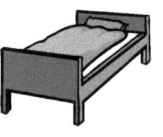

ლოგინი

кревет

საბავშვო ეტლი

дјечија колица

კარტის თამაში

игра са картама

პაზლი

слагалица

კომიკსი

стрип

ლეგოს აგურები
....
лего коцкице

ასაშენებელი კუბიკები
....
коцкице за слагање

სათამაშო ფიგურა
....
акциони јунак

საცოცავი
....
бенкица за бебе

ფრისბი
....
фризби

მობილე
....
висеће играчке

სამაგიდო თამაში
....
друштвене игре

კამათელი
....
коцка

რკინიგზის მოდელი
....
минијатурна жељезница

საწოვარა
....
дуда

წვეულება
....
забава

წიგნი ნახატებით
....
сликовница

ბურთი
....
лопта

თოჯინა
....
лутка

თამაში
....
играти

საქვიშარი

пешчаник

საქანელა

љуљачка

სათამაშოები

играчка

ვიდეო თამაშის კონსოლი

конзола за игре

სამთვლიანი ველოსიპედი

трицикл

დათუნია

теди

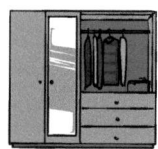

გარდერობი

ормар

ტანსაცმელი

одећа

წინდები

кратке чарапе

ჩულქები

чарапе

კოლგოტები

хулахопке

შარფი
шал

ქოლგა
кишобран

მკლავებიანი მაისური
мајица

ქამარი
каиш

ბოტასები
патике

ფეხსაცმელი
чизме

ჩუსტები
папуче

სანდლები

сандале

ფეხსაცმელი

ципеле

რეზინის ჩექმები

гумене чизме

ტრუსები

гаћице

ბიუსჰალტერი

грудњак

მაისური

поткошуља

სხეული

боди

შარვალი

панталоне

ჯინსი

фармерке

ქვედაკაბა

сукња

ბლუზი

блуза

პერანგი

кошуља

სვიტრი

џемпер

კაპიუშონიანი ჟაკეტი

џемпер с капуљачом

სპორტული ქურთუკი

сако

ჟაკეტი

јакна

პალტო

мантил

საწვიმარი

кабаница

კოსტუმი

костим

კაბა

хаљина

საქორწილო კაბა

венчаница

კაცის კოსტიუმი

одело

ღამის პერანგი

спаваћица

პიჟამოები

пицама

სარი

сари

თავშალი

марама за главу

ტურბანი

турбан

ჩადრი

бурка

ხიფთანი

кафтан

აბაია

абаја

საცურაო კოსტუმი

купаћи костим

ჩემოდნები

купаће гаћице

შორტები

кратке панталоне

სპორტული კოსტიუმი

одећа за тренинг

წინსაფარი

кецеља

ხელთათმანები

рукавице

ღილი

дугме

სათვალეები

наочаре

სამაჯური

наруквица

ყელსაბამი

огрлица

ბეჭედი

прстен

საყურე

наушница

კეპი

капа

საკიდი

вешалица

ქუდი

шешир

ჰალსტუხი

кравата

ელვა-შესაკრავის შეკვრა

патент затварач

ჩაფხუტი

кацига

აჭიმი

нараменице

სკოლის ფორმა

школска униформа

ფორმა

униформа

ბავშვის წინსაფარი

подбрадак

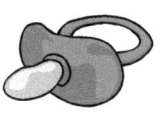

საწოვარა

дуда

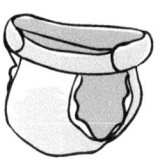

პამპერსი

пелена

ოფისი

канцеларија

სერვერი
сервер
საკანცელარიო კარადა
ормар за списе
პრინტერი
штампач
ქაღალდი
папир
მონიტორი
монитор
თაგვი
миш
მაგიდა
писаћи стол
საქაღალდე
мапа
კლავიატურა
тастатура
ათა ნარჩენი ქაღალდებისათვის
ара за папир
სკამი
столица
კომპიუტერი
компјутер

ყავის ფინჯანი

шалица за каву

კალკულატორი

калкулатор

ინტერნეტი

интернет

ლეპტოპი

лаптоп

წერილი

писмо

მესიჯი

порука

მობილური ტელეფონი

мобилни телефон

ქსელი

мрежа

სკანერი

уређај за копирање

პროგრამული უზრუნველყოფა
софтвер

ტელეფონი

телефон

როზეტი

утичница

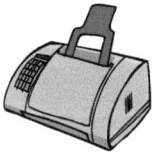

ფაქსის მანქანა

факс

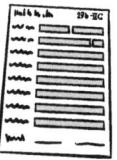

ფორმულარი

формулар

დოკუმენტი

документ

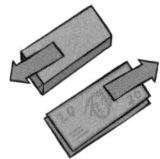

ყიდვა

куповати

გადახდა

платити

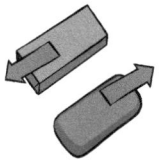

ვაჭრობა

трговати

ფული

новац

დოლარი

долар

ევრო

евро

იენი

јен

რუბლი

рубља

შვეიცარული ფრანკი

швајцарски франак

ჟენმინბი იუანი

ренминдби јуан

რუპი

рупија

ბანკომატი

аутомат за новац

ვალუტის გადაცვლის პუნქტი

мењачница

ოქრო

злато

ვერცხლი

сребро

ნავთობი

нафта

ენერგია

енергија

ფასი

цена

ხელშეკრულება

уговор

გადასახადი

порез

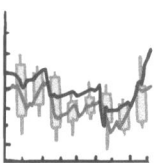

აქცია

деонице

მუშაობა

радити

თანამშრომელი

службеник

დამსაქმებელი

послодавац

ქარხანა

фабрика

მაღაზია

продавница

პროფესიები
занимања

პოლიციის ოფიცერი
полицајац
მეხანძრე
ватрогасац
მზარეული
кувар
ექიმი
лекар
მფრინავი
пилот

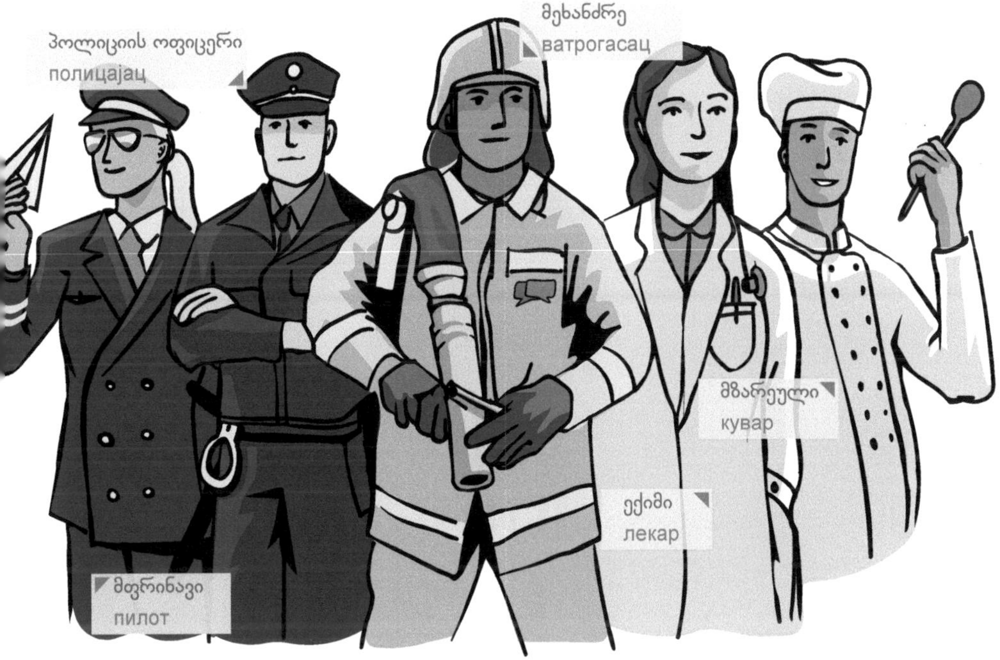

მებაღე

вртлар

დურგალი

столар

თეთრეულის მკერავი ქალბატონი

кројачица

მოსამართლე

судија

ქიმიკოსი

хемичар

მსახიობი

глумац

ავტობუსის მძღოლი

возач аутобуса

ტაქსის მძღოლი

возач таксија

მეთევზე

рибар

დამლაგებელი ქალბატონი

чистачица

სახურავის ოსტატი

кровопокривач

მიმტანი

конобар

მონადირე

ловац

ფერმწერი

сликар

მცხობელი

пекар

ელექტრიკოსი

електричар

მშენებელი

грађевински радник

ინჟინერი

инжењер

ყასაბი

месар

სანტექნიკოსი

лимар

ფოსტალიონი

поштар

ჯარისკაცი

војник

არქიტექტორი

архитекта

მოლარე

благајник

ფლორისტი

цвећар

პარიკმახერი

фризер

კონდუქტორი

кондуктер

მექანიკოსი

механичар

კაპიტანი

капитан

სტომატოლოგი

зубар

მეცნიერი

научник

რაბინი

раби

იმამი

имам

ბერი

монах

სასულიერო პირი

свећеник

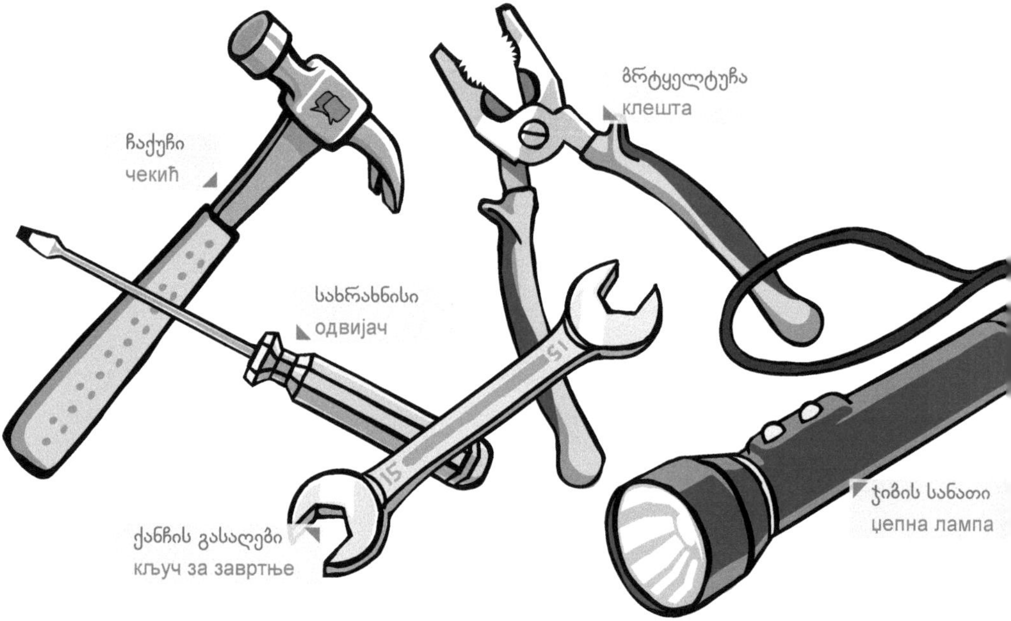

ჩაქუჩი
чекић

გრტყელტუჩა
клешта

სახრახნისი
одвијач

ქანჩის გასაღები
кључ за завртње

ჯიბის სანათი
џепна лампа

ექსკავატორი
багер

იარაღების ყუთი
кутија за алат

კიბე
мердевине

ხერხი
пила

ლურსმები
ексер

საბურღი
бушилица

შეკეთება

поправити

ნიჩაბი

лопата

ანდაზა!

до ђавола!

აქანდაზი

лопатица

საღებავის ქოთანი

лонац за боју

ხრახნები

завртањи

მუსიკალური ინსტრუმენტები

музички инструмент

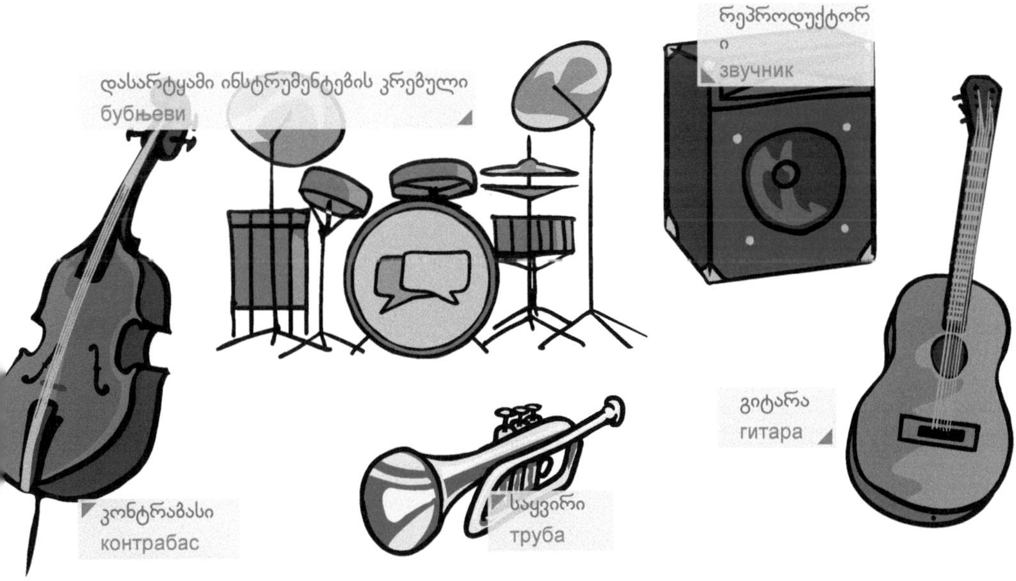

დასარტყამი ინსტრუმენტების კრებული
бубњеви
რეპროდუქტორი
звучник
გიტარა
гитара
კონტრაბასი
контрабас
საყვირი
труба

ფორტეპიანო

клавир

ვიოლინო

виолина

ბასი

бас

ტიმპანონი

тимпани

დასარტყამები

удараљке за бубњеве

კლავიშები

типке клавира

საქსოფონი

саксофон

ფლეიტა

флаута

მიკროფონი

микрофон

ზოოპარკი

зоолошки врт

შესასვლელი
улаз
ვეფხვი
тигар
გალია
кавез
ზებრა
зебра
ცხოველთა საკვები
храна за животиње
პანდა
панда

ცხოველები

животиње

სპილო

слон

კენგურუ

кенгур

მარტორქა

носорог

გორილა

горила

დათვი

медвед

აქლემი

камила

სირაქლემა

ној

ლომი

лав

მაიმუნი

мајмун

ფლამინგო

фламинго

თუთიყუში

папагај

პოლარული დათვი

поларни медвед

პინგვინი

пингвин

ზვიგენი

ајкула

ფარშევანგი

паун

გველი

змија

ნიანგი

крокодил

ზოოპარკის მფლობელი

чувар у зоолошком врту

სელაპი

туљан

იაგუარი

јагуар

პონი

пони

ლეოპარდი

леопард

ბეჰემოტი

нилски коњ

ჟირაფი

жирафа

არწივი

орао

ტახი

дивља свиња

თევზი

риба

კუ

корњача

მორჟი

морж

მელა

лисица

გაზელი

газела

სპორტი

спорт

ამერიკული ფეხბურთი
американски ногомет
ველოსპორტი
бициклизам
ჩოგბურთი
тенис
კალათბურთი
кошарка
ცურვა
пливање
კრივი
бокс
ყინულის ჰოკეი
хокеј на леду

ფეხბურთი

фудбал

ბადმინტონი

бадминтон

მძლეოსნობა

атлетика

ხელბურთი

рукомет

სათხილამურო სპორტი

скијање

წყლის პოლო

поло

მოქმედებები

активности

ადახტომა
скочити
ჩახუტება
загрлити
დაცინვა
смејати се
სეირნობა
სიმღერა
певати
ოცნებობა
сањати
ლოცვა
молити се
კოცნა
пољубити

წერა

писати

დახატვა

цртати

ჩვენება

показати

დაჭერა

гурати

მიცემა

дати

აღება

узети

ქონა

имати

კეთება

чинити

ყოფნა

бити

დგომა

стојати

გარბენა

трчати

მოქაჩვა

повлачити

გადაყრა

бацити

დაცემა

падати

ტყუილის თქმა

лежати

მოცდენა

чекати

ტარება

носити

ჯდომა

седити

ჩაცმა

облачити

ძილი

спавати

გაღვიძება

пробудити се

დათვალიერება
гледати

ტირილი
плакати

გაუთოება
миловати

დავარცხნა
чешљати

ლაპარაკი
говорити

გაგება
разумети

შეკითხვა
питати

მოსმენა
слушати

დალევა
пити

ჭამა
јести

დალაგება
поспремити

ყვარება
волети

კერძების მზადება
кухати

სვლა
возити

ფრენა
летети

აფრის ქვეშ სიარული
....
пловити

გამოთვლა
....
рачунати

წაკითხვა
....
читати

შესწავლა
....
учити

მუშაობა
....
радити

ქორწინება
....
венчати се

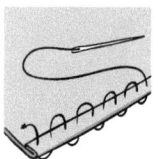

კერვა
....
шити

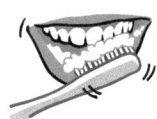

კბილების ხეხვა
....
прати зубе

მოკვლა
....
убити

მოწევა
....
пушити

გაგზავნა
....
послати

бака
деда
მამა
отац
დედა
мајка
ბავშვი
беба
ქალიშვილი
кћерка
ვაჟიშვილი
син

სტუმარი

гост

დეიდა

тетка

ბიძა

ујак, стриц

ძმა

брат

და

сестра

სხეული

тело

შუბლი
чело
თვალი
око
მხარი
раме
თითი
прст
სახე
лице
ნიკაპი
брада
ხელი
рука
მკერდი
груди
ფეხი
нога
მკლავი
рука

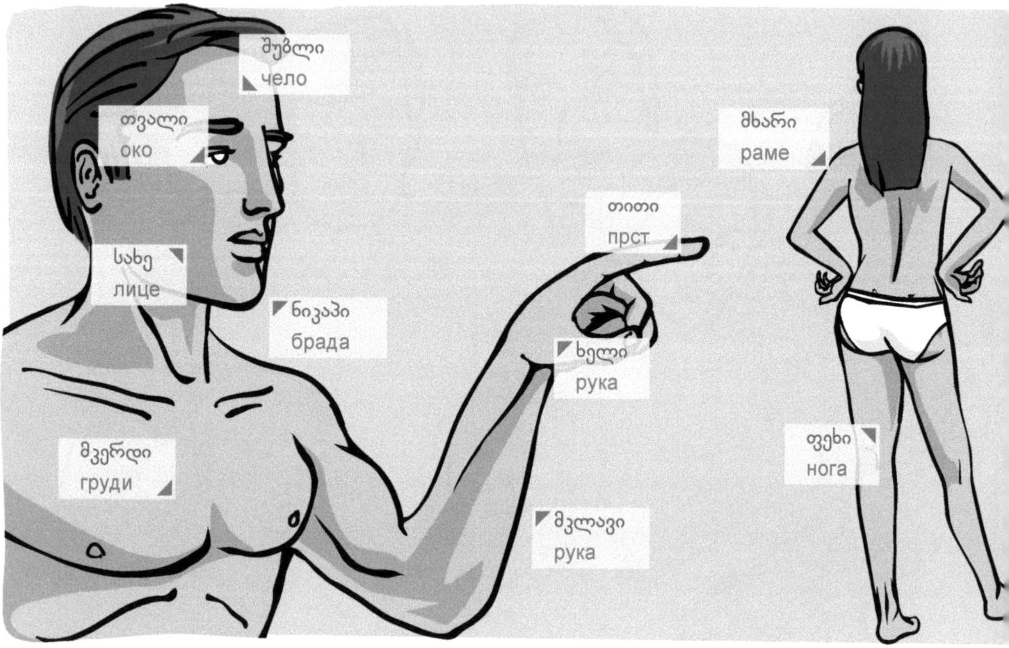

ბავშვი

беба

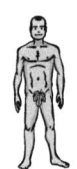

კაცი

мушкарац

ქალი

жена

გოგო

девојчица

ბიჭი

дечак

თავი

глава

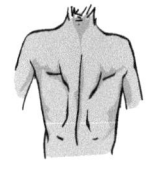

ზურგი
....
леђа

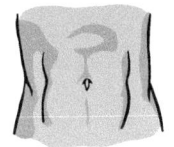

მუცელი
....
стомак

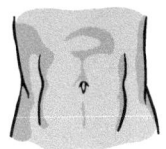

ჭიპი
....
пупак

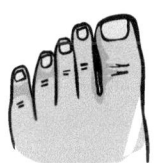

ფეხის თითი
....
ножни прст

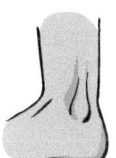

ქუსლი
....
пета

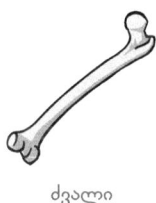

ძვალი
....
кост

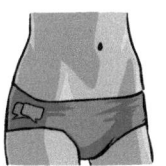

ბარძაყი
....
кукови

მუხლი
....
колено

იდაყვი
....
лакат

ცხვირი
....
нос

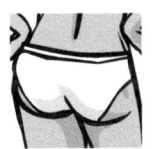

დუნდულა
....
задњица

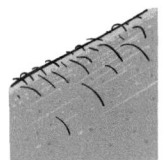

კანი
....
кожа

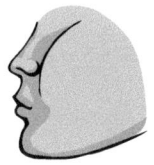

ლოყა
....
образ

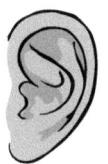

ყური
....
уво

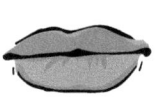

ტუჩი
....
усна

პირი

уста

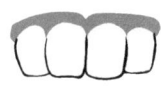

კბილი

зуб

ენა

језик

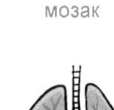

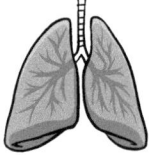

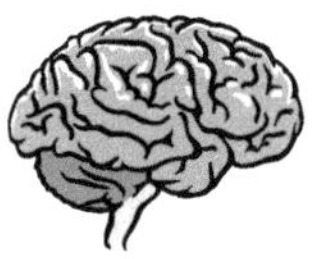

ტვინი

мозак

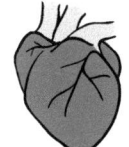

გული

срце

კუნთი

мишић

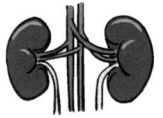

ფილტვი

плућа

ღვიძლი

јетра

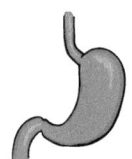

კუჭი

желудац

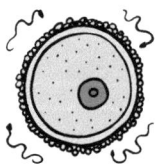

თირკმელები

бубрези

სექსი

полни однос

პრეზერვატივი

кондом

კვერცხუჯრედი

јајна ћелија

სპერმა

сперма

ორსულობა

трудноћа

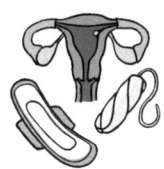

მენსტრუაცია
....
менструација

საშო
....
вагина

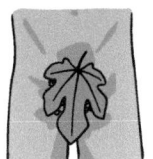

პენისი
....
пенис

წარბი
....
обрва

თმა
....
коса

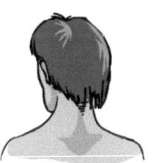

კისერი
....
врат

საავადმყოფო
болница

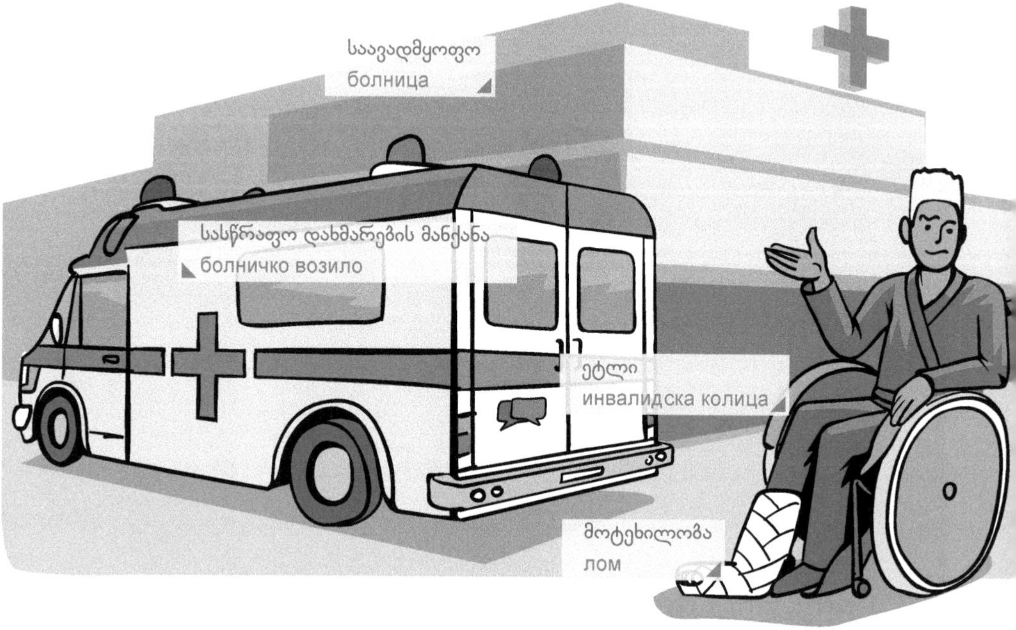

საავადმყოფო
болница
სასწრაფო დახმარების მანქანა
болничко возило
ეტლი
инвалидска колица
მოტეხილობა
лом

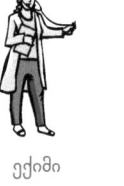

ექიმი

лекар

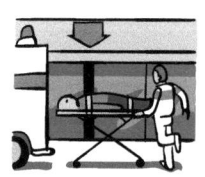

პირველი დახმარების ოთახი

хитна медицинска служба

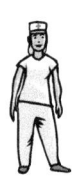

მედდა

медицинска сестра

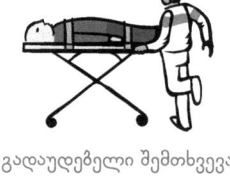

გადაუდებელი შემთხვევა

хитни случај

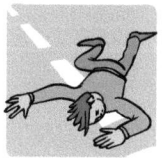

უგონოდ მყოფი

несвест

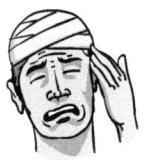

ტკივილი

бол

დაზიანება
....
повреда

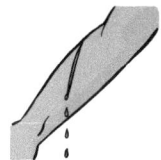

სისხლდენა
....
крварење

გულის შეტევა
....
срчани удар

ინსულტი
....
удар

ალერგია
....
алергија

ხველა
....
кашаљ

ცხელება
....
грозница

გრიპი
....
грипа

დიარეა
....
пролив

თავის ტკივილი
....
главобоља

კიბო
....
рак

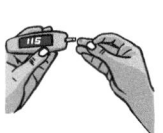

დიაბეტი
....
дијабетес

ქირურგი
....
хирург

სკალპელი
....
скалпел

ოპერაცია
....
операција

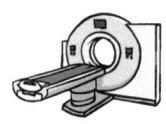

კტ

цт

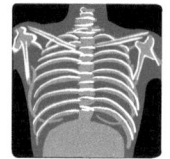

რენტგენი

рентген

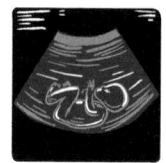

ულტრაბგერა

ултразвук

ნიღაბი

маска

დაავადება

болест

მოსაცდელი ოთახი

чекаона

ყავარჯენი

штака

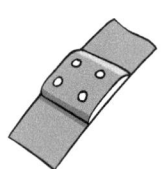

თაბაშირი

фластер

ბინტი

завој

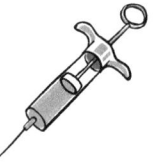

ინექცია

ињекција

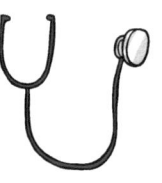

სტეტოსკოპი

стетоскоп

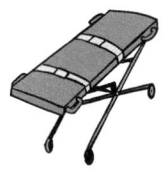

საკაცე

носила

თერმომეტრი

термометар

დაბადება

рођење

ჭარბი წონა

прекомерна тежина

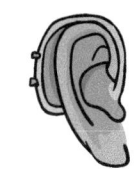

სმენის აპარატი

слушни апарат

სადეზინფექციო საშუალება

средство за дезинфекцију

ინფექცია

инфекција

ვირუსი

вирус

აივ / შიდსი

хив / аидс

წამალი

медицина

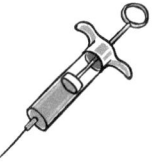

ვაქცინაცია

вакцинација

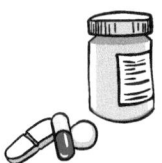

ტაბლეტები

таблете

აბი

пилула

დაუდებელი გამოძახება

хитни позив

წნევის საზომი აპარატი

уређај за мерење притиска

ავადმყოფი / ჯანმრთელი

болесно / здраво

გადაუდებელი შემთხვევა
хитни случај

დამეხმარეთ!

помоћ!

განგაში

аларм

თავდასხმა

насртај

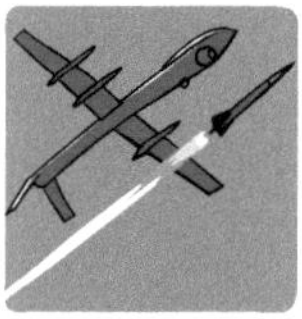

შეტევა

напад

საფრთხე

опасност

სათადარიგო გასასვლელი

излаз у случају нужде

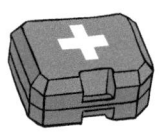

ხანძარი!

пожар!

ცეცხლსაქრობი

противпожарни апарат

უბედური შემთხვევა

незгоца

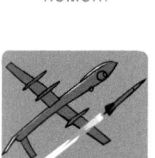

პირველადი დახმარების აფთიაქი

кутија прве помоћи

SOS

сос

პოლიცია

полиција

ღედამიწა
земља

ევროპა

Европа

ჩრდილოეთ ამერიკა

Северна Америка

სამხრეთ ამერიკა

Јужна Америка

აფრიკა

Африка

აზია

Азија

ავსტრალია

Аустралија

ატლანტიკა

Атлантик

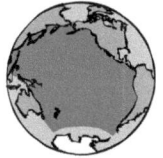

წყნარი ოკეანე

Пацифик

ინდოეთის ოკეანე

Индијски океан

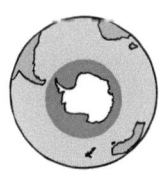

ანტარქტიკის ოკეანე

Антарктички океан

ჩრდილოეთის ყინულოვანი ოკეანე

Арктички океан

ჩრდილოეთ პოლუსი

Северни рол

სამხრეთ პოლუსი

Јужни рол

ანტარქტიდა

Антарктик

დედამიწა

земља

ხმელეთი

земља

ზღვა

море

კუნძული

оток

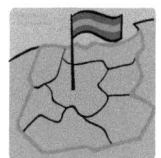

ერი

нација

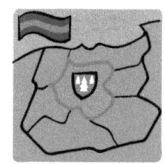

სახელმწიფო

држава

დედამიწა - земља

საათი

сат

ციფერბლატი

бројчаник сата

საათების ისარი

сатна казаљка

წუთების ისარი

минутна казаљка

წამების ისარი

секундна казаљка

რომელი საათია?

Колико је сати?

დღე

дан

დრო

време

ახლა

сада

ციფრული საათი

дигитални сат

წუთი

минута

საათი

час

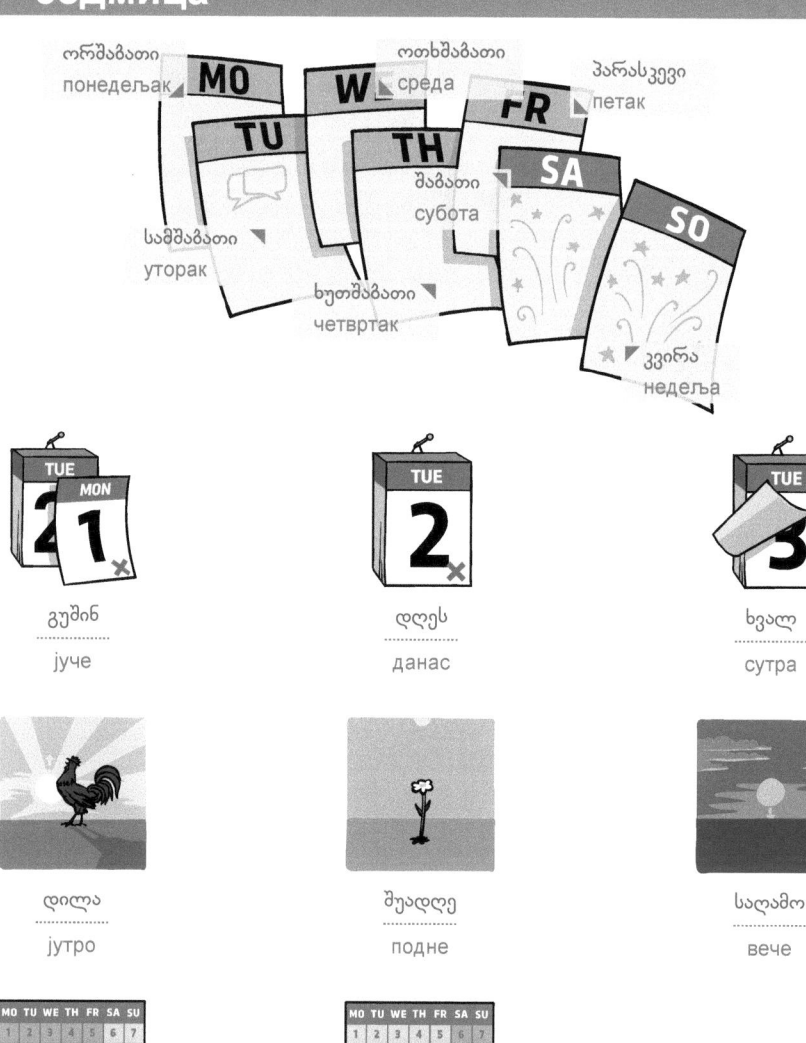

კვირა

седмица

ორშაბათი
понедељак
MO
სამშაბათი
уторак
TU
ოთხშაბათი
среда
W
ხუთშაბათი
четвртак
TH
петак
FR
შაბათი
субота
SA
недеља
SO

გუშინ

јуче

დღეს

данас

ხვალ

сутра

დილა

јутро

შუადღე

подне

საღამო

вече

სამუშაო დღეები

радни дани

შაბათი-კვირა

викенд

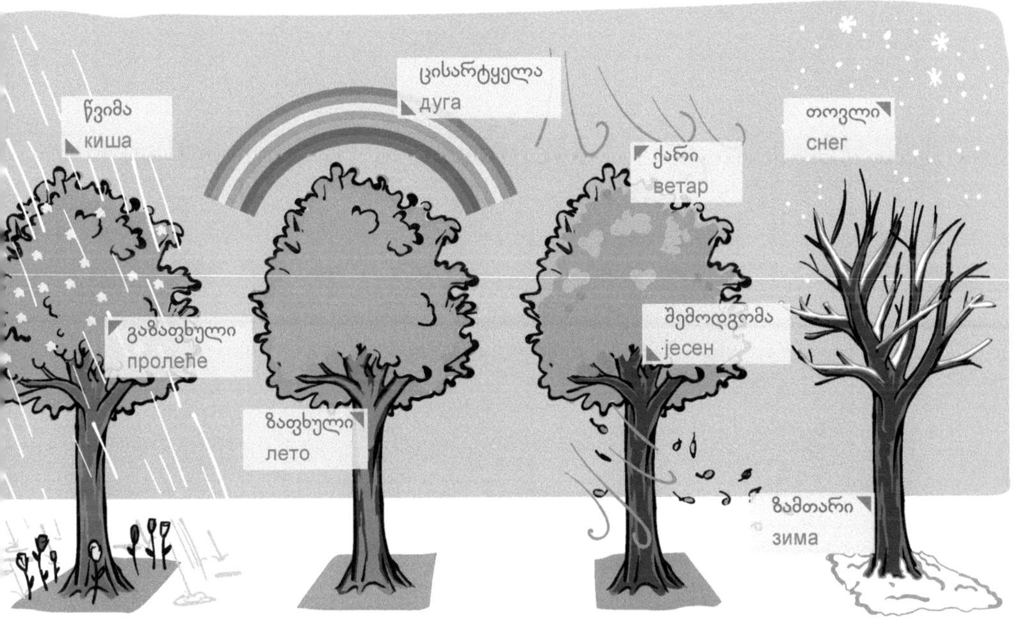

ცისარტყელა
дуга
წვიმა
киша
თოვლი
снег
ქარი
ветар
გაზაფხული
пролеће
შემოდგომა
јесен
ზაფხული
лето
ზამთარი
зима

4.APRIL 11°
5.APRIL 4°
6.APRIL 13°
7.APRIL 8°
8.APRIL 10°

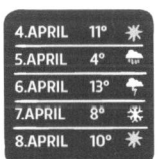

ამინდის პროგნოზი

....

етеоролошка прогноза

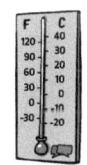

თერმომეტრი

....

термометар

მზის სხივი

....

сунчана светлост

ღრუბელი

....

облак

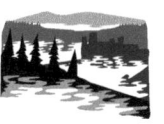

ნისლი

....

магла

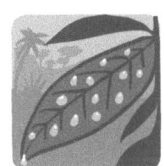

ტენიანობა

....

влажност ваздуха

ელვა
муња

ქუხილი
грмљавина

შტორმი
олуја

სეტყვა
туча

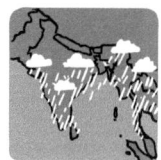

მუსონი
монсун

წყალდიდობა
поплава

ყინული
лед

იანვარი
јануар

თებერვალი
фебруар

მარტი
март

აპრილი
април

მაისი
мај

ივნისი
јуни

ივლისი
јули

აგვისტო
август

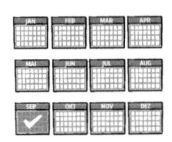

სექტემბერი

септембар

ოქტომბერი

октобар

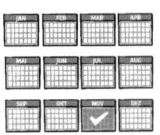

ნოემბერი

новембар

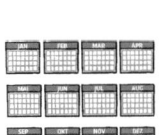

დეკემბერი

децембар

ფორმები

облици

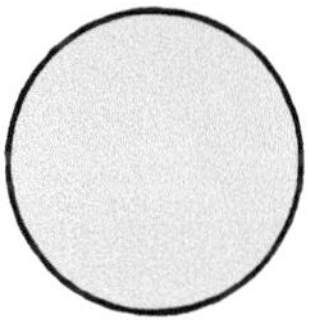

წრე

круг

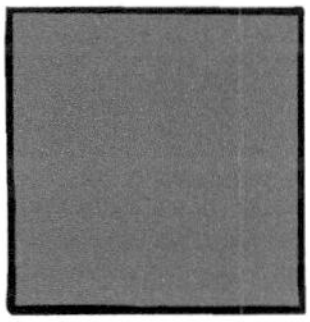

კვადრატი

квадрат

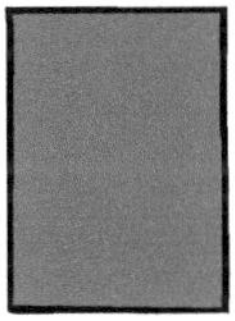

მართკუთხედი

правоугао

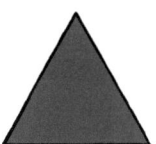

სამკუთხედი

троугао

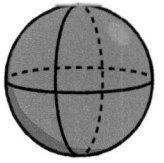

სფერო

кугла

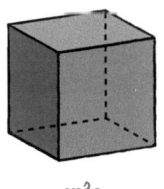

კუბი

коцка

ფერები
boje

თეთრი

бела

ყვითელი

жута

ნარინჯისფერი

наранџаста

ვარდისფერი

ружичаста

წითელი

црвена

იისფერი

љубичаста

ცისფერი

плава

მწვანე

зелена

ყავისფერი

смеђа

ნაცრისფერი

сива

შავი

црна

საპირისპიროები

супротности

ბევრი / ცოტა

много / мало

გაბრაზებული / მშვიდი

љутито / мирно

ლამაზი / მახინჯი

лепо / ружно

დასაწყისი / დასასრული

почетак / крај

დიდი / პატარა

велико / малено

ნათელი / მუქი

светло / тамно

ძმა / და

брат / сестра

სუფთა / ჭუჭყიანი

чисто / прљаво

სრული / არასრული

потпуно / непотпуно

დღე / ღამე

дан / ноћ

მკვდარი / ცოცხალი

мртво / живо

განიერი / ვიწრო

широко / уско

საჭმელად ვარგისი /
საჭმელად უვარგისი

јестиво / нејестиво

ბოროტი / კეთილი

зло / добро

შთამბეჭდავი / მოსაწყენი

узбуђено / досадно

სქელი / თხელი

дебело / мршаво

პირველი / ბოლო

на почетку / на крају

მეგობარი / მტერი

пријатељ / непријатељ

სრული / ცარიელი

пуно / празно

მყარი / რბილი

тврдо / мекано

მძიმე / მსუბუქი

тешко / лагано

მოშიებული / მწყურვალე

глад / жеђ

ავადმყოფი / ჯანმრთელი

болесно / здраво

არალეგალური /
ლეგალური

илегално / легално

ინტელექტუალი / სულელი

паметно / глупо

მარცხენა / მარჯვენა

лево / десно

ახლოს / შორს

близу / далеко

ალი / გამოყენებული

ново / половно

არაფერი / რაღაცა

ништа / нешто

მოხუცი / ახალგაზრდა

старо / младо

ჩართვა / გამორთვა

кључено / искључено

ღია / დახურული

отворено / затворено

ჩუმი / ხმამაღალი

тихо / гласно

მდიდარი / ღარიბი

богато / сиромашно

მართალი / მტყვანი

тачно / погрешно

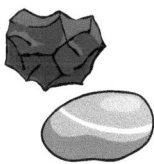

უხეში / გლუვი

храпаво / глатко

სევდიანი / ბედნიერი

тужно / сретно

მოკლე / გრძელი

кратко / дуго

ნელი / სწრაფი

полако / брзо

სველი / მშრალი

мокро / сухо

თბილი / გრილი

топло / хладно

ომი / მშვიდობა

рат / мир

რიცხვები
бројеви

0	1	2
ნული	ერთი	ორი
нула	један	два
3	**4**	**5**
სამი	ოთხი	ხუთი
три	четири	пет
6	**7**	**8**
ექვსი	შვიდი	რვა
шест	седам	осам
9	**10**	**11**
ცხრა	ათი	თერთმეტი
девет	десет	једанаест

12
თორმეტი
дванаест

13
ცამეტი
тринаест

14
თოთხმეტი
четрнаест

15
თხუთმეტი
петнаест

16
თექვსმეტი
шестнаест

17
ჩვიდმეტი
седамнаест

18
თვრამეტი
осамнаест

19
ცხრამეტი
деветнаест

20
ოცი
двадесет

100
ასი
стотину

1.000
ათასი
хиљаду

1.000.000
მილიონი
милион

ენები
језици

ინგლისური

енглески

ამერიკული ინგლისური

амерички енглески

ჩინური მანდარინი

мандарински кинески

ჰინდი

хиндски

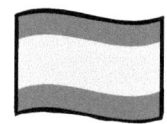

ესპანური

шпански

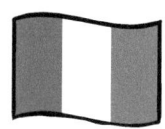

ფრანგული

француски

არაბული

арапски

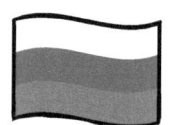

რუსული

руски

პორტუგალიური

португалски

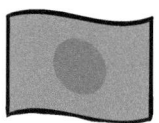

ბენგალური

бенгалски

გერმანული

немачки

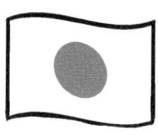

იაპონური

јапански

მე
ja

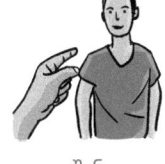

შენ
ти

ის / ის / იგი
он / она / оно

ჩვენ
ми

თქვენ
ви

ისინი
они

ვინ?
Ко?

რა?
Шта?

როგორ?
Како?

სად?
Где?

როდის?
Када?

სახელი
име

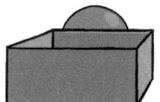

სად

где

უკან

иза

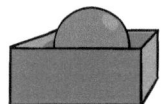

შიგნით

у

წინ

испред

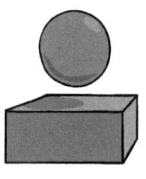

ზედ

преко

=-ზე

на

ქვეშ

испод

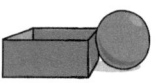

გვერდით

поред

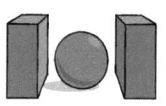

შორის

између

ადგილი

место